LES JURIDICTIONS D'AUTREFOIS.

LE JUGE DU POINT-D'HONNEUR

A NIMES

(1772-1786);

PAR M. LÉON BLANCHARD,

conseiller à la Cour d'Appel, membre de l'Académie du Gard.

NIMES
TYPOGRAPHIE CLAVEL-BALLIVET
12 — RUE PRADIER — 12

1873

(*Extrait des Mémoires de l'Académie du Gard, 1872.*)

LES JURIDICTIONS D'AUTREFOIS.

LE JUGE DU POINT-D'HONNEUR

A NIMES

(1772-1786).

I.

Toute nation policée a substitué la vindicte publique à la vengeance individuelle. Nul, de son chef et par lui-même, n'a le droit de punir. Quand les foules se l'arrogent, c'est la *loi de Lynch*, euphémisme coupable, destiné à voiler les excès populaires; quand un particulier l'usurpe violemment, c'est le meurtre : on est d'accord pour le flétrir; quand la courtoisie s'en mêle, c'est le *duel* : on appelle ceci, par abus de langage, une *affaire d'honneur*.

La prétention de ne relever que de soi pour la réparation de ses griefs remonte loin dans notre histoire. Elle est un reste de l'indépendance féodale, perpétuée au moyen âge par les traditions de la chevalerie. La transformation qui s'opéra, du XIVe au XVe siècle, dans les mœurs des classes dominantes, loin de la supprimer, lui donna un nouvel aliment. Jusques-là, les seigneurs et les grands vassaux avaient résidé sur leurs terres, n'ayant entre eux que de rares contacts. Le jour où ils sortirent de leurs manoirs pour aller vivre à la cour, les occasions de froissement se multiplièrent à l'infini. L'éclat des fêtes, le croisement des intrigues, le choc des ambitions, développèrent le sentiment de la vanité qui, depuis les Gaulois, nos aïeux, est chez nous un travers endémique. Une sorte de susceptibilité nerveuse, désignée sous le nom prétentieux de *Point-d'honneur,* gagna aussitôt la haute société française. L'idée s'accrédita qu'un galant homme doit croiser le fer pour le plus léger motif; elle trouva faveur auprès des courtisans et des militaires. Le duelliste succédait au paladin.

A dater de cette période, les combats singuliers deviennent des événements quotidiens ; et, dans un pays où l'engouement exerce une action souveraine, ils prennent le caractère d'une mode funeste, à laquelle sacrifie quiconque se pique d'élégance ou de fierté. Un mot, un geste, un regard, tout sert de prétexte à de déplorables rencontres, où coule le sang le plus généreux. De 1589 à 1608, elles donnent lieu, d'après Pierre de l'Estoile, à *sept mille lettres de grâce ;* et, dans le même intervalle, *sept ou huit mille gentilshommes* se coupent la gorge à propos de rien. Au temps de Richelieu, les *appels* étaient devenus si communs que les rues servaient de théâtre à des luttes incessantes ; et, comme le jour n'était pas assez long pour exercer la furie des jeunes désœuvrés, « ils se battaient à la faveur des astres » ou à la lueur des flambeaux qui leur servaient d'un » funeste soleil » (1). Le port d'armes permanent, privilége de la noblesse et des gens de guerre, permettait de dégaîner à la moindre provocation. Le fléau avait ainsi trouvé des auxiliaires dans le costume, dans les habitudes, comme dans les erreurs de l'esprit public.

L'Église et la Royauté, qui se partageaient alors le gouvernement des sociétés, protestèrent de bonne heure contre ces coutumes barbares, également contraires aux préceptes de la religion et aux intérêts de la politique. Le Concile de Trente, par un canon de 1563, prononça l'excommunication contre les combattants et leurs parrains. Le pouvoir civil prit aussi de promptes mesures. Les Etats généraux de 1560, ceux de 1575 provoquèrent des ordonnances rigoureuses, notamment celle de Moulins où respire la grande âme du chancelier de l'Hôpital. Mais rien n'est difficile comme de redresser l'opinion et de faire accepter, en ces matières délicates, un mode de satisfaction purement légal. De plus, à faire tant que d'aborder une entreprise aussi malaisée, où trouver des arbitres pourvus de l'autorité nécessaire pour imposer silence aux plus chatouilleux ? A qui confier la prudhommie de l'honneur ? Les

(1) *Mémoires de Richelieu*, collection Petitot, pages 40 et suivantes.

gens de robe ne convenaient ou ne suffisaient point ici : ils passent en général pour être plus logiciens que belliqueux. Il appartenait à Henri IV, prince d'une bravoure chevaleresque, possédant au plus haut degré l'art et le charme propice pour calmer les plaies sensibles de l'amour-propre blessé, de découvrir les juges naturels de ces sortes de contestations. Il s'adressa aux Maréchaux de France, qui connaissaient déjà des difficultés touchant le service militaire, et leur déféra les affaires d'honneur. Grands officiers de la couronne, hommes d'épée au premier chef, nul ne songerait, se dit-il, à récuser leur compétence. Vieillis dans les dangers, accoutumés au fer, jaloux de leur renom, ils veilleraient avec une mâle sollicitude sur la réputation d'autrui. La pensée était juste, elle passa dans l'ordre des faits, se développa sous Louis XIV et donna des résultats sérieux ; puisque, au bout d'un certain nombre d'années, elle avait, dans une large mesure, diminué l'abus des rencontres.

Telle apparaît en France, au sein d'une société aussi pleine de politesse et de frivolité que de bravoure et de mépris de la vie, l'origine de la juridiction dont nous essayons de tracer une esquisse : justice de caste et d'exception, fort peu connue de nos jours, et dont le souvenir devait fatalement se perdre dans un siècle comme le nôtre, égalitaire et ombrageux. Son rôle, quoique modeste et restreint, ne manqua pas cependant d'une importance relative. Les intérêts auxquels elle était appelée à pourvoir, la position élevée de ses dispensateurs, le caractère à la fois turbulent et distingué de ses justiciables, tout doit lui assurer une place dans les récits du temps passé.

II.

Le *Tribunal du Point-d'honneur*, chargé de prévenir les duels et de statuer sur les offenses, fut imaginé sous Henri IV et complété sous son petit-fils. Le premier de ces deux rois, confirmant, par l'édit de 1602, les rigueurs contenues dans les règlements antérieurs, voulut en même temps désarmer, par de hautes compensations, les justes susceptibilités de ceux qui se soumettraient. Dans ce but, il chargea le connétable et les maréchaux de France *d'ordonner*, *par jugement souverain*, *sur la réparation des injures, ce qu'en leur loyauté et conscience ils jugeraient être raisonnable*, déclarant *prendre sur lui-même tout ce que, par un scrupule mal entendu, on pourrait imputer à l'offensé qui n'appellerait pas au combat*, *ou à l'appelé qui refuserait de s'y rendre*. L'Edit de 1602 fut impuissant, malgré ses sages combinaisons ; et son inefficacité amena une sorte de recul dans la voie où la législation s'était hardiment engagée. On en revint à la pensée de permettre la lutte en certains cas. « Il est mieux, disait *Gaspard de Saulx-Tavannes* dans ses Mémoires, de permettre le combat à un petit nombre que de voir périr par iceluy toute la noblesse d'un Etat ». *Jean de la Faille* proposait, en 1607, de remettre en vigueur les combats en champ clos, comme au temps de François Ier. Sous l'empire de ces préoccupations, fut promulgué l'Edit de 1609, dont l'article 5 permettait de s'adresser au roi, ou à ses chers et amés cousins, pour en obtenir, dans certains cas déterminés, l'autorisation d'un défi. Le parlement de Toulouse refusa d'enregistrer la disposition nouvelle. Hâtons-nous de dire qu'elle resta à l'état de lettre-morte , et qu'aucun duel ne fut autorisé. Les mémoires du temps rapportent, au contraire, des cas nombreux de réconciliation opérés par les soins d'Henri IV lui-même. Ainsi en fut-il de la célèbre querelle de *Duplessis-Mornay* avec *Saint-Phalle* , qui lui avait porté des coups de canne en pleine rue , et de l'affaire survenue entre le *comte de Soissons* et le grand *Sully*.

Sous le règne de Louis XIII et le ministère de Richelieu , l'arbitrage des maréchaux ne semble plus que nominal, et la fureur des provocations a pris une telle intensité que la répression prend aussi des proportions exemplaires. La tête de *Montmorency-Bouteville* roule sur l'échafaud.

Il était réservé à Louis XIV de réussir là où ses devanciers avaient échoué. Dès son premier lit de justice , il abolit pour tous les cas la permission de se battre , et fonda en même temps une *ligue* dans laquelle il s'efforça d'enrôler les personnes les plus considérables de la cour. Les membres de cette association souscrivaient, en y entrant, la déclaration suivante :

« Les soussignés font , par le présent écrit, déclara-
» tion publique et protestation solennelle de refuser
» toutes sortes d'appels et de ne se battre jamais en
» duel pour quelque cause que ce puisse être , et de
» rendre toutes sortes de témoignages de la détestation
» qu'ils ont du duel comme d'une chose tout à fait
» contraire à la raison , au bien et aux lois de l'Etat ,

» et incompatible avec le salut et la religion chré-
» tienne, sans pourtant renoncer au droit de repous-
» ser, par toutes sortes de voies légitimes, les injures
» qui leur seront faites, autant que leur profession et
» leur naissance les y obligent, étant aussi toujours
» prêts, de leur part, d'éclaircir de bonne foi ceux qui
» croiraient avoir lieu de ressentiment contr'eux et de
» n'en donner sujet à personne ».

Mais, dans les créations de Louis XIV, ce qui sollicite avant tout notre examen, c'est l'organisation définitive du *Tribunal du Point-d'honneur*, qui devient, à dater de son règne, un rouage plein de régularité. Le moment est venu de le faire revivre aux yeux de nos lecteurs.

Il se composait de tous les maréchaux de France et siégeait à Paris, au domicile et sous la présidence de leur doyen. Ses arrêts étaient souverains et sans appel. Les prévôts, exempts, archers, gardes de la connétablie devaient prêter main-forte à ses décisions préventives ou répressives ; il avait juridiction sur tous les gentilshommes et les officiers, *même étrangers*. Leurs veuves avaient le droit d'invoquer son intervention. Sa compétence n'était acquise qu'autant que les deux adversaires apppartenaient à la noblesse ou à l'armée. Les affaires mixtes par la qualité des parties revenaient aux juges ordinaires. Ses pouvoirs furent déterminés par de nombreuses ordonnances; les membres eux-mêmes de cet aréopage militaire, procédant par voie de règlements généraux, s'étaient fait une jurisprudence dont les anciens recueils nous révèlent la profonde originalité. Il n'est peut-être pas sans intérêt de rechercher comment s'exerçaient de leur part l'action, la poursuite, la constatation des délits ; quelles formalités accompagnaient leurs jugements; quelles sanctions accompagnaient leurs verdicts.

Les Edits de juin 1643, septembre 1651, août 1679, février et avril 1723, fournissent de précieux détails sur les fonctions attribuées aux magistrats du Point-d'Honneur.

Leur premier devoir est de s'enquérir des différends qui s'élèvent entre gentilshommes et entre gens adonnés à la profession des armes. Pour faciliter leur tâche, quiconque assiste à une altercation est tenu de les en avertir sur le champ, sous peine d'être réputé complice, d'avoir sa maison rasée et ses bois de haute-futaie coupés jusqu'à une certaine hauteur. Les prévôts, vice-baillis, vice-sénéchaux, leurs lieutenants et archers, à la nouvelle d'un combat engagé, sont tenus de se transporter sur les lieux pour arrêter les coupables, avec l'appât d'une prime de 1,500 livres à prélever sur le bien le plus clair des délinquants. Enfin, toute personne de condition, qui se considère comme outragée, est obligée de s'adresser aux maréchaux pour obtenir réparation. Ceux-ci peuvent donc agir d'office, soit sur la dénonciation des tiers, soit sur la plainte de la partie lésée.

Saisis de la difficulté, ils mandent devant eux, par voie de signification, dans le délai de trois jours au plus, ceux qui se sont pris de querelle ou se disputent sur une parole donnée, afin de les mettre d'accord. La cédule est portée par un garde de la *Connétablie*. Si l'on craint que les assignés n'obtempèrent pas, des archers sont envoyés pour se tenir près de leurs personnes et à leurs frais jusqu'à parfaite soumission.

Une trop longue morosité autorise, dans les cas extrêmes, l'emploi de l'emprisonnement. Le refus absolu de comparution, de la part de l'insulteur, entraîne de droit pour lui *la suspension de l'honneur*, *l'incapacité de porter les armes* et la saisie de ses immeubles. Les personnages de qualité qui, dans leurs maisons ou hôtels, donnent asile aux défaillants, ne sont pas exempts de poursuites. Quant à l'insulté, s'il refuse de déférer ses griefs à la juridiction créée pour les apprécier, la loi ne le traite pas mieux. Il perd ses charges, est banni du royaume pour trois ans, subit la confiscation de la moitié de son bien, *lequel est mis en roture,* et s'expose à voir raser ses tourelles au niveau du sol.

Supposons maintenant que les deux adversaires aient obéi. Ils s'expliquent devant leurs juges, qui leur défendent d'en venir au combat, examinent la cause, pèsent la gravité des reproches et, le cas échéant, ordonnent satisfaction pleinement avantageuse pour l'offensé. Si l'injure touche à l'honneur, le coupable sera, pour six ans, privé de charges, pensions, dignités et relégué à dix lieues de la Cour; s'il n'a ni titres ni charges, le tiers de son revenu annuel est appréhendé et dévolu à l'Hôtel-Dieu ; s'il n'a pas 200 livres de rente, il tiendra prison pendant deux ans. S'agit-il enfin d'un sulbaterne qui a provoqué son supérieur, quatre années d'emprisonnement lui sont réservées.

Et malheur à qui s'obstine à se venger ! Quand les plaintes légitimes trouvent accueil dans un prétoire aussi relevé, le duel est un crime irrémissible, dont la répression est en général abandonnée aux cours de parlement. Les contrevenants, sans même qu'ils se soient blessés, encourent la peine de mort. Si l'un des deux champions est tué, le procès criminel est fait à sa mémoire et son corps privé de la sépulture religieuse. Les laquais et domestiques qui portent les cartels ou conduisent au lieu de la lutte, reçoivent le fouet et *la fleur de lys* sur l'épaule, pour la première fois ; le bannissement et les galères les attendent, en cas de récidive. Quant aux *seconds*, leurs armoiries sont noircies, leurs armes brisées publiquement par l'exécuteur, et la dégradation de la noblesse complète leur châtiment.

Cet ensemble de mesures ne demeura pas sans effets. Voltaire écrivait, au XVIIIe siècle, qu'il y avait en Europe cent fois moins de duels que du temps de Louis XIII (1); la même attestation est fournie par Basnage, et par Addison dans le *Spectator*. Le théâtre, qui reçoit toujours le reflet des mœurs contemporaines, confirme leur appréciation. Nous voyons, par la pièce *des Fâcheux*, représentée en 1661, que, dès cette époque, on y regardait à deux fois avant de servir de témoin, même à un ami. Eraste s'en explique très-nettement à Alexandre, quand il repousse sa prière (2) :

Je ne veux pas ici faire le capitan,
Mais on m'a vu soldat avant que courtisan.
J'ai servi quatorze ans, et je crois être en passe
De pouvoir d'un tel pas me tirer avec grâce,
Et de ne craindre point qu'à quelque lâcheté
Le refus de mon bras puisse m'être imputé.

(1) Voltaire, *Siècle de Louis XIV*, chap. 29.
(2) Molière, *les Fâcheux*, acte 1, scène x.

Un duel met les gens en mauvaise posture,
Et notre Roi n'est pas un monarque en peinture;
Il sait faire obéir les plus grands de l'état,
Et je trouve qu'il fait un digne potentat.
Quand il faut le servir, j'ai du cœur pour le faire;
Mais je ne m'en sens point, quand il faut lui déplaire.
Je me fais de son ordre une suprême loi;
Pour lui désobéir, cherche un autre que moi.

Comment ne pas renoncer d'ailleurs à des pratiques insensées, alors que l'exemple de la modération venait d'en haut ? *Saint-Simon* rapporte, dans ses *Mémoires*, que, dans une circonstance, Lauzun se permit un sanglant outrage envers son souverain. Louis XIV, dominant sa colère, jeta sa canne par la fenêtre, de peur (dit-il) de frapper un gentilhomme français. Le monarque, qui commandait si noblement à son courroux, consacrait ainsi les lois en vigueur par la conformité de sa conduite. Du reste, en dehors de leurs sévérités parfois excessives, ses ordonnances, par les ressorts qu'elles mettent en jeu, gardent l'empreinte d'une véritable sagacité et d'une réelle grandeur. Les voies de contrainte y sont terribles et prodiguées, mais elles ne coûtent rien à la dignité humaine; elles brisent les réfractaires ou les atteignent dans le plus vif de leur amour-propre, elles ne les avilissent jamais.

Les maréchaux, en voulant développer le régime des édits et combler ses lacunes, rapetissèrent l'œuvre du maître. Le désir de ne rien laisser à l'arbitraire, la louable pensée d'en définir les conséquences, leur inspirèrent une sorte de code, dont les prescrits effleurent de temps en temps la puérilité. Nous avons d'eux trois règlements, aux dates des 22 août 1653, 22 août 1679 et 20 février 1748, dans lesquels les divers cas d'atteinte à la personne ou à l'honneur sont prévus avec un soin vétilleux.

Parmi les singularités qu'on y rencontre, et comme trait de mœurs utile à retenir, nous citerons, en passant, les dispositions relatives aux *billets d'honneur*. On appelait de ce nom l'engagement écrit par lequel une personne qualifiée promettait sur l'honneur de solder une somme à une échéance convenue. Il arrivait à cette époque, et le fait n'est pas invraisemblable même aujourd'hui, que des gens de cape et d'épée, des cadets de bonne maison, en quartier ou sur le point d'entrer en campagne, se trouvaient à court d'argent. La modicité de la solde, les entraînements du jeu, les réduisaient à de fréquents embarras. Ils mettaient alors à contribution la bourse d'un ami ou d'un marchand de leur connaissance (car les marchands étaient les capitalistes avant 1789), et lui empruntaient les quelques pistoles dont ils avaient besoin, sous l'unique garantie de leur signature. J'ai eu sous les yeux un de ces effets daté du Quesnoy, le 23 avril 1744 et consenti par un capitaine au régiment *Dauphin-Infanterie*; il est ainsi conçu :

« Billet d'honneur pour la somme de mille cinquante-sept livres, que je déclare et confesse devoir » à M......, laquelle il m'a fait le plaisir de me prêter » pour faire mon entrée en campagne. Je promets » d'honneur de lui payer la dite somme, dans le » courant du mois de février prochain ».

Lorsque des valeurs de ce genre restaient en souffrance, si le bénéficiaire était un marchand ou un roturier, le tribunal d'honneur le délaissait à se pourvoir, pour obtenir paiement, devant les juges civils. Statuant toutefois par voie disciplinaire sur la conduite du souscripteur, il le frappait d'un mois de prison pour avoir failli à sa parole, aux termes de l'article 1er du règlement de 1748. Les textes que j'ai pu me procurer gardent un silence absolu sur la situation respective des parties, lorsque le signataire et le porteur du billet appartenaient l'un et l'autre à la noblesse ou à l'armée ; nous savons seulement que la coutume y avait suppléé. L'ingestion exclusive des maréchaux dans des difficultés semblables nous est attestée par des documents positifs. Ils condamnaient bel et bien le débiteur à s'acquitter de ses obligations, et forçaient la mauvaise volonté dans ses derniers retranchements. Ajoutons, néanmoins, que, s'il existait un titre régulier donnant action devant les tribunaux ordinaires, tel qu'un acte notarié, un billet à ordre, on pouvait demander à rentrer dans le droit commun et décliner leur compétence.

Mais, à leur barre, les affaires d'argent n'étaient que l'exception, et les propos blessants ou les voies de fait garnissaient surtout l'audience. Ici, les pénalités adoptées s'imposent à notre attention par l'étrangeté de leurs détails.

« Comme c'est l'opinion, dit l'article 7 du règlement de 1653, qui a établi la plupart des maximes du point-d'honneur et que, dans les offenses, ce qu'il faut considérer avant tout c'est si elles ont été faites sans sujet et non suivies de réponses plus atroces, dans ce cas et pour les épithètes de *sot*, *lâche*, *traître* et autres semblables, on pourra infliger un mois de prison ; et, à sa sortie, l'offenseur devra dire à l'offensé que *mal à propos et impertinemment il l'a offensé par des paroles outrageuses, qu'il reconnaît être fausses, et lui en demande pardon* ».

Vient, à la suite de ce préambule, une sorte de canon sacramentel où chaque insolence est tarifiée, où se trouve formulée une véritable hiérarchie de réparations et d'amendes honorables, le tout finissant par un système de talion peu usité (1).

Ainsi, pour le démenti ou les menaces de coups de main et de bâton, deux mois de prison, avec des excuses plus satisfaisantes encore et que le juge doit spécifier.

Pour les offenses réalisées de coups de main ou autres semblables, six mois de prison avec faculté d'une réduction de moitié à la charge de payer 1500 livres d'amende à l'hôpital le plus voisin.

Lors de son élargissement, le condamné devra se soumettre à recevoir de la main de l'offensé des coups pareils à ceux qu'il aura donnés, et déclarera, de parole et par écrit, *qu'il l'a frappé brutalement et le supplie de lui pardonner* (2).

Pour les coups de bâton, un an de prison, avec faculté de réduction à six mois moyennant 6,000 livres d'amende. A sa sortie de prison, le coupable, *genou en terre*, demandera pardon à l'offensé, se soumettra à recevoir de pareils coups, le remerciera s'il l'en dispense et déclarera en outre, de parole et par écrit, *qu'il l'a frappé brutalement, qu'il le*

(1) Art. 8 du règlement du 22 août 1653.
(2) Art. 9.

supplie de l'oublier ; et que, s'il était en sa place, il se contenterait des mêmes satisfactions » (1).

Pour tous les actes de violence, le juge peut obliger l'offensé à châtier l'offensant par les mêmes coups, quand même il aurait la générosité de ne vouloir le faire (2).

Il fixe également le nombre de témoins ou d'amis devant lesquels les excuses devront être faites (3).

Quant aux affronts adressés à un gentilhomme au sujet de quelque intérêt civil, la peine va jusqu'au bannissement des lieux où l'offensant a sa résidence habituelle. Elle peut aussi consister dans la privation du revenu de la chose en litige pendant un an ou deux.

Afin de favoriser l'affiliation à la ligue contre les duels, il est posé en principe que, lorsque quelque démêlé surviendra entre gentilshommes, *dont les uns auront promis et signé de ne point se battre et les autres non,* ces derniers seront toujours réputés agresseurs, à moins que le contraire paraisse par des preuves bien expresses (4).

Pour comble de minutie, un formulaire est tout rédigé pour le cas où un membre de la ligue, pressé de rendre raison le fer à la main, aura à opposer un refus. Il pourra écrire :

« Qu'il s'étonne bien que, sachant les derniers édits du roi, et particulièrement la déclaration de

(1) Art. 10 du règlement du 22 août 1653.
(2) Idem.
(3) Art. 11.
(4) Art. 4 du règlement du 22 août 1653.

plusieurs gentilshommes de ne point se battre, dans laquelle lui-même s'est engagé publiquement, le prétendu offensé ne veuille pas se contenter des éclaircissements qu'il lui donne, et ne pas considérer qu'il ne peut ni ne doit donner ou recevoir aucun lieu pour se battre, ni même marquer les endroits où il le pourrait rencontrer; mais qu'il ne changera rien à sa façon ordinaire de vivre ».

Enfin un texte de réponse est indiqué pour ceux qui, sans avoir souscrit d'engagement, veulent néanmoins se conformer aux ordonnances. Ils pourront mander:

« Que, si on les attaque, ils se défendront; mais qu'ils ne croient pas que leur honneur les oblige à s'aller battre de sang-froid et contrevenir aux édits de sa Majesté, aux lois de la Religion et à leur conscience » (1).

Molière, dans *le Misanthrope* (2), nous a tracé l'esquisse plaisante d'une comparution devant la haute maréchaussée. Alceste et Oronte se sont bravés à propos du fameux sonnet. Leurs grandeurs envoient quérir le critique intraitable par un garde,

> Qui porte une jaquette, à grands basques, plissée,
> Avec du d'or dessus...............

(1) Art. 3 du règlement du 22 août 1356

(2) *Le Misanthrope,* acte II, scène VI et acte IV, scène I.

Alceste, tout en maugréant, se rend à la séance. Sommé de se dédire, on sait comment il répond :

Y va-t-il de sa gloire à ne pas bien écrire?
Que lui fait mon avis, qu'il a pris de travers?
On peut être honnête homme et faire mal les vers.

Il consent à la fin à adoucir son style et, sur de pressantes insistances, se plie à un accommodement :

Monsieur, je suis fâché d'être si difficile ;
Et, pour l'amour de vous, je voudrais de bon cœur
Avoir trouvé tantôt votre sonnet meilleur.

Moyennant ce, la querelle est assoupie :

Et dans une embrassade on les a, pour conclure,
Fait vite envelopper toute la procédure.

A en juger sur cet épisode comique, notre juridiction n'aurait eu rien de bien intimidant; mais ailleurs Molière lui-même nous la dépeint sous des couleurs plus sombres ; et, dans le *Don Juan*, il fait dire à don Carlos que les duels sont toujours de fâcheuses affaires, *puisque le plus doux succès en est toujours funeste ; et que, si l'on ne quitte pas la vie*, on est contraint de quitter le royaume (1).

Les accusés ne se tiraient pas toujours à bon marché des griffes de la Connétablie.

(1) *Don Juan*, acte III, scène V.

Une des humiliations les plus redoutées, en ces temps où le principe d'égalité devant la loi n'avait pas encore pénétré dans les mœurs, consistait, pour les hommes d'un certain rang, à être renvoyés devant les juges de droit commun. Aussi, le Règlement de 1653 l'infligeait-il aux auteurs de provocations adressées de dessein prémédité, de gaîté de cœur et par surprise. « Nous déclarons, portait l'article 15, que, selon les lois de l'honneur, l'offensé peut poursuivre l'agresseur et ses complices pardevant les juges ordinaires, comme s'il avait été assassiné. Et ce procédé ne doit pas sembler étrange, puisque celui qui en offense un autre *avec avantage* se rend, par cette action, indigne d'être traité en gentilhomme ».

Il ne faut rien moins qu'un texte aussi formel pour nous expliquer comment le Tribunal du Point-d'honneur put ne pas être saisi, dans le diocèse d'*Uzès*, d'un débat assez scandaleux survenu entre deux gentilshommes. En 1715, noble *Jérôme de Traversiers*, originaire de Toulouse, s'arrêta, le 14 septembre, à Nimes, au *logis du Luxembourg*, où il soupa avec plusieurs officiers de la garnison. Un d'entre eux, le repas achevé, proposa d'aller passer la soirée chez le comte de *Sainte-Jaille*. Une société nombreuse y était réunie, composée de dames et de messieurs. Une partie de lansquenet à quatre fut promptement organisée. Après avoir au début essuyé la male chance, notre voyageur finit par gagner soixante louis d'or à un officier qu'il entendit appeler M. *de Bounières*, et regagna son gîte vers six heures du matin. Le lendemain, ne recevant pas la visite de son débiteur, il se présenta de nouveau à l'hôtel *Sainte-Jaille*, où il le retrouva jouant encore. La partie terminée et tout en rentrant au Luxembourg, le militaire décavé lui avoua qu'il n'avait point d'argent et lui offrit ses nippes, ses chevaux ou un billet. Le créancier, désireux d'agir honnêtement, se contenta de cette dernière satisfaction et partit pour Uzès. Une heure après, *de Bounières* vint l'y rejoindre pour lui annoncer qu'un marchand mettait à sa disposition des fonds ou une lettre de change, et le prier de revenir à Nimes, où il toucherait ce qui lui était dû. Après avoir dîné, ils repartirent avec les chevaux qui les avaient amenés. Au bout d'un quart d'heure de marche, *de Bounières* déclare à son compagnon de route qu'il faut se couper la gorge ou rendre le billet. M. *de Traversiers* refuse avec indignation. L'autre aussitôt met pied à terre, dégaîne et marche à sa rencontre, lui criant qu'il n'a qu'à descendre et à montrer le titre qu'il a sur lui. Les postillons s'interposent et maîtrisent l'agresseur. Mais la même scène se renouvelle deux fois jusqu'à *la Bégude de Saint-Nicolas*, où M. *de Traversiers* voulut s'arrêter, pour éviter une affaire désagréable. Dépité d'une attitude qui déconcertait ses projets, l'officier réitéra ses insistances, le pressa de se battre, le traita de *coquin*, de *lâche*, et lui signifia qu'il allait le marquer. Au même instant, il mit de nouveau l'épée à la main et fit un mouvement violent contre son adversaire. Ce dernier, malgré la répugnance qu'il éprouvait, dut songer à se défendre ; et, de la pointe de son épée, il blessa légèrement l'assaillant à la cuisse. Des hommes sortant du cabaret réussirent à les séparer.

Un combat aussi déloyalement recherché ne mérita

pas, aux yeux de l'outragé, les honneurs d'une plainte portée aux *cousins du Roi.* M. *de Traversiers,* rebroussant chemin à franc étrier, déposa une requête entre les mains d'Antoine *Deroziers*, viguier général de la cour temporelle de l'évêque d'Uzès. Celui-ci prescrivit une information sommaire et préparatoire dans laquelle six témoins furent entendus. A suite de leurs déclarations, le procureur général fiscal *Thomas* prit des réquisitions écrites tendant à ce que *de Bounières,* capitaine en quartier à Nimes, taille médiocre, perruque blonde, habillé d'un justaucorps gris-blanc, ainsi que d'une veste rouge galonnée d'or, fût pris au corps et conduit dans les prisons de la Cour. Droit fut fait, et ordre donné par le juge d'appréhender le prévenu, s'il ne se constituait prisonnier dans la quinzaine, avec menace de saisir et annoter ses biens, qui seraient régis par un commissaire. Le dossier, qui figure dans les liasses de la temporalité d'Uzès, ne nous fait pas connaître la solution définitive de ce démêlé (1).

Ce récit nous a montré les conséquences afflictives et infamantes qu'entraînait la déloyauté, quand le provocateur était traduit devant les magistrats de police. Mais il ne faut pas croire qu'elle fût traitée avec plus d'indulgence, si l'agresseur félon comparaissait devant les maréchaux. En matière de violences exercées avec préméditation, leur règlement de 1679 contient des dispositions très-dures : quinze ans dans une forteresse, pour les coups portés par devant ; vingt ans, pour les coups portés par derrière. Il élève d'ailleurs au double

(1) Archives de la Préfecture du Gard, officialité d'Uzès.

les peines déjà édictées, dans les cas ordinaires de vivacité, par le règlement de 1653.

Rien ne manquait donc au Tribunal du Point-d'honneur pour se faire respecter.

III.

Cependant, quoique solidement constituée et armée de toutes pièces, l'institution ne répondait pas à tous les besoins. Installée à Paris, elle n'étendait guère son influence que dans le rayon de la capitale. Il convenait de la généraliser, si on voulait qu'elle rendît de véritables services. La création dans les provinces de succursales de ce bureau d'honneur pouvait seule intimider l'humeur frondeuse des gens d'épée, toujours prêts à s'offusquer du moindre propos et à en demander raison. De là, naquit de bonne heure l'idée de confier, hors Paris, les attributions du Tribunal du Point-d'honneur à des gentilshommes chargés de prévenir et d'empêcher les rencontres. Elle se manifeste déjà dans l'édit de 1651 et le Règlement de 1653. L'édit de 1693 la réalisa pleinement. A cette date, Louis XIV établit, à titre d'office, en chaque baillage et sénéchaussée, un *Lieutenant des maréchaux de France* pour vider les différends qui surviendraient entre gentilshommes et autres faisant profession des armes, soit à cause des chasses, droits honorifiques des églises, prééminences des fiefs et seigneuries, soit à cause de toutes autres querelles mêlées avec le Point-d'honneur.

Le *Lieutenant* était autorisé à procéder comme les grands dignitaires, dont il exerçait les droits par délégation, à charge de leur rendre compte. En son absence, l'officier du district le plus voisin le remplaçait dans ses fonctions.

Il marchait, dans les cérémonies publiques, immédiatement après les gouverneurs, lieutenants-généraux et lieutenants de province. Le droit de survivance lui était acquis, tant pour lui que pour son premier résignataire, sans pour cela payer aucune finance ni aucun droit de *marc d'or*. En sus de ses gages, évidemment modestes, puisque 133,333 livres suffisaient pour tout le royaume, exemption lui était accordée du service du ban, de l'arrière-ban, de toute tutelle ou curatelle ; il jouissait en outre du *Committimus* (l'ancien *privilegium fori* des Romains), c'est-à-dire du droit accordé à des personnes privilégiées de plaider devant un juge plus relevé que le juge ordinaire. Les nobles qui désiraient se pourvoir de pareils offices pouvaient en posséder plus d'un sans incompatibilité, et les diviser aussi, quand bon leur semblait.

Les *Lieutenants*, reçus et agréés par les maréchaux, prêtaient serment entre leurs mains, après avoir fait preuve de bonnes vie et mœurs, de religion, et d'âge requis, c'est-à-dire de vingt-cinq ans révolus. Ils disposaient d'un ou deux archers-gardes, à 100 livres de gages par an, jouissant des mêmes immunités.

En 1704, le Roi, *s'étant aperçu* (portait l'édit) *que les différends qui s'élevaient dans la noblesse étaient souvent embarrassés d'incidents de procédure*, il fut établi, auprès de chaque lieutenant des maréchaux, un *Conseiller rapporteur du Point-d'honneur*, pour instruire les affaires et en faire les rapports, avec voix consultative. On lui donna comme auxiliaire un commissaire-greffier, destiné à tenir la plume, transcrire les procès verbaux, soigner les registres et délivrer les expéditions. La vérité est qu'à ce moment le trésor public était vide, la France en guerre avec la moitié de l'Europe, et que la politique du contrôleur des finances consistait à créer des charges pour se procurer de l'argent. Les conseillers-rapporteurs étaient payés de leurs vacations sur le même pied que le prévôt des maréchaux, et prenaient rang en public immédiatement après les derniers conseillers du Présidial. Les secrétaires-greffiers avaient droit aux deux tiers des vacations du rapporteur. Ils touchaient en outre 6 livres par ordonnance définitive, et 3 livres par ordonnance préparatoire. L'archer-garde était taxé par le lieutenant ou le rapporteur.

Un règlement des maréchaux, en date du 18 mars 1782, autorisa les lieutenants à porter sur leur uniforme l'épaulette du grade qu'ils auraient eu dans les troupes de Sa Majesté, et prescrivit qu'il serait tissé, sur la patte de cette épaulette, deux bâtons croisés. Une telle distinction était refusée aux conseillers-rapporteurs et aux commissaires-greffiers qui n'avaient pas servi. Mais une lettre du 15 mars 1781, adressée par le lieutenant de l'*Isle d'Oléron* à celui de *Nimes*, nous apprend que les archers ou huissiers-gardes portaient une bandoulière aux armes de la Connétablie, avec deux plaques et deux bâtons de commandement. Cet équipement d'un simple subalterne n'avait pas coûté moins de 69 livres.

D'après un document imprimé, du 6 juillet 1782,

la maréchaussée était tenue de déférer même aux injonctions verbales du lieutenant, sauf à lui demander ultérieurement un ordre écrit pour sa justification.

Les avantages et faveurs accordés au juge du Point-d'honneur en province devaient lui rappeler sans cesse que son ministère était réservé à une classe particulière de la nation, et que son prétoire ne s'ouvrait pas aux roturiers. On le surveillait d'assez près à cet égard ; car une ordonnance des maréchaux, rendue le 2 août 1742, cassa une décision du lieutenant de *Nérac*, en lui enjoignant de ne s'entremettre qu'entre les gentilshommes et officiers, et nullement entre les bourgeois ou paysans pour fait de police.

Il faut croire que, dans le Midi, on en venait plus souvent qu'ailleurs aux paroles outrageuses, puisque, dès l'année 1693, le nombre des magistrats chargés de les apaiser nous apparaît fort accru. Un seul par sénéchaussée ne suffit plus : désormais il y en aura un par chaque diocèse dans le Languedoc. Quelques années avant la Révolution, leurs fonctions étaient exercées : au Vigan, par M. le marquis *de Ginestous* ; à Orange, par M. *de Raoux*, qui avait sa résidence effective à Carpentras ; à Pézenas, par M. *d'Ymbert* ; au Pont-Saint-Esprit, par M. *de Lisleroy* ; à Mende, par M. *de Treilhes de la Boissonnade de la Roquette* ; à Sommière, par M. *Lameunière de la Monie* ; à Alais, par M. *de Possac-Génas*.

La ville de Nimes était également dotée, depuis 1693, d'un juge du Point-d'honneur, qui avait à ses ordres un greffier et deux archers. En 1710, un conflit s'éleva entre lui et le présidial pour une question de préséance à l'église, aux processions et dans les cérémonies publiques. De 1772 à 1786, M. *du Roure* a rempli avec distinction, dans notre cité, cet honorable ministère. La bienveillance d'un ami (1) m'a permis de compulser le registre où ses décisions étaient consignées, et de montrer, prise sur le vif et dans ses divers modes d'activité, la juridiction dont il s'agit.

IV.

Jacques-Louis *du Roure* fut nommé lieutenant à Nimes par ordonnance des maréchaux, le 13 novembre 1771. Cette pièce, signée par le duc de Tonnerre (*sic*), constate que l'officier désigné *est de bonne vie et mœurs, de religion catholique, apostolique et romaine; qu'il est noble, et qu'il a les capacités requises, ainsi que fidélité et affection au service du Roi.*

M. *du Roure* tenait le grade de capitaine au régiment d'Auvergne. Ses ancêtres avaient rendu des services dans les armées depuis cent cinquante ans; lui-même depuis dix-huit ans portait l'uniforme. Il s'était distingué au combat de Cerbal, où il reçut une blessure à la tête, en juillet 1760 ; et le 16 octobre de la même année, il fut atteint au côté droit, à la bataille de Clostercamp, où il remplissait les fonctions d'aide-major. Lors de sa nomination, il comptait trente-cinq ans révolus, ainsi qu'il résulte de son extrait

(1) Le registre manuscrit de M. du Roure m'a été communiqué par M. le conseiller *Hipp. Fajon*.

de baptême délivré par M. Jacomon, alors curé de la paroisse Saint-Castor, à Nimes.

Le 11 décembre 1771, M. *du Roure* versa la finance de son nouvel office, qui montait au chiffre de 6,000 livres, quittancées par Rozier, trésorier des receveurs-casuels, à Paris. Sa nomination fut confirmée, dans des termes très-flatteurs, par lettres-patentes du Roi, en date du 18 décembre 1771, enregistrées au greffe du siége général de la Connétablie et Maréchaussée de France, en la Table de marbre du Palais. Le 21 du même mois, les mêmes lettres furent entérinées au conseil supérieur, à Nimes, par arrêt en date du 7 février 1772, contresigné : *Légal.*

Enfin, le 16 décembre 1772, le récipiendaire prêta serment en ces termes, devant Gabriel-Maurice *de Talleyrand-Périgord*, comte de Périgord, chevalier des ordres du roi, maréchal des camps et armées de Sa Majesté, commandant en chef dans la province de Languedoc : « Je jure et promets de bien » et fidèlement remplir la charge de lieutenant de » NOSSEIGNEURS les maréchaux de France, à Nimes, » dont il a plu au Roi de me pourvoir ; de me » conduire avec intégrité et sans acception de qui » que ce soit, et d'avertir aux dits seigneurs de tout » ce qui se passera dans le service de Sa Majesté, » afin qu'ils puissent lui en donner avis ».

M. *du Roure* était assisté d'un greffier nommé Pierre Bardinq, qui cumulait cette fonction avec celle de commis au greffe du bureau de police, et de deux archers, les sieurs Dayon et Peyzac. Dans une période de quatorze ans, il eut à s'occuper de treize affaires, qui peuvent se décomposer de la manière suivante : Deux réceptions de serment, six contestations relatives à des sommes dues sur parole ou par billets, cinq litiges se référant à des menaces, insultes, diffamations, violences ou voies de fait.

Le 5 mars 1773, sur la délégation des maréchaux, il reçut le serment du sieur Antoine *de la Boissonnade de la Roquette*, nommé lieutenant au baillage de Mende. Le 24 décembre 1781, il remplit le même office à l'égard du sieur *de Bagnon*, désigné comme commissaire des guerres. Un double procès-verbal constate l'accomplissement de ces formalités.

Les caractères saillants de la judicature de M. *du Roure* sont un respect absolu des règlements, l'instinct des lois de la procédure (disposition remarquable chez un militaire), une extrême mesure dans l'emploi des moyens de rigueur, un succès constant dans l'apaisement des contestations. Dans une circonstance unique, ses efforts furent pourtant déjoués par la tenacité d'un certain baron à bout de ressources. Au bout de cinq ou six ans, il n'avait pu réussir encore à lui faire éteindre une dette de douze louis, couverte par un billet d'honneur au profit de M. de Lacroix.

Quelques-unes des difficultés pécuniaires, sur lesquelles il a été appelé à statuer, portent sur des engagements contractés sans titre. Le demandeur présente requête aux maréchaux ou à celui qui les représente. Le défendeur comparaît devant ce dernier qui lui défère le serment, et presque toujours la sentence dépend de son affirmation. Mais le plus souvent on voit se produire, comme je l'indiquais plus haut, des demandes appuyées de signatures, et dont l'évacuation ressemblerait fort à un empiétement sur la juridiction civile, s'il ne s'agissait, selon toute apparence, de simples billets d'honneur.

Ainsi, le 21 septembre 1776, M. le baron *de Laugier*, lieutenant à Digne, expédie à son collègue de Nîmes, pour en obtenir l'acquittement, un billet de 125 livres, dû à la veuve de son frère par un gentilhomme de Bouzène, près Anduze. Une correspondance s'échange entre celui-ci et le juge du Point-d'honneur. Après des observations embarrassées, le débiteur s'exécute et l'effet est payé.

Ainsi encore, en décembre 1782, M. *du Roure* intervint entre un ancien officier au régiment de Limousin, domicilié à Saint-Laurent-des-Arbres, et un capitaine du bataillon de Languedoc. Le premier réclame le montant d'un billet de 240 livres; le cité résiste, oppose des compensations, allègue des dépenses, ainsi que des voyages, faits à Montpellier et à Avignon, dans l'intérêt de son créancier. Le juge repousse les exceptions, ordonne que la somme sera remboursée en deux termes rapprochés; et, pour sanctionner sa décision, à laquelle le condamné essayait de se soustraire, il met un garde de la Connétablie auprès de sa personne. Fatigué, au bout de quatre jours, de ce suivant incommode, le débiteur promet de se libérer sans retard et de ne pas s'absenter de la ville, sous peine d'être appréhendé au corps et conduit à la citadelle. La perspective valait la peine qu'on y réfléchît à deux fois. Qui ne connaît, en effet, les infortunes du pauvre Beaumarchais, traduit devant les maréchaux à propos d'une affaire d'honneur entre lui et le duc de Chaulnes, pour cause de galanterie ? Qui ne se souvient qu'il passa, suivant ses propres expressions, « plusieurs huitaines dans un appartement assez frais, garni de bonnes jalousies et point trop chargé d'ornements superflus, au milieu d'un château joliment situé dans Paris, au bord de la Seine, appelé jadis *Forum Episcopi* » ; autrement dit on l'enferma au For-l'Evêque pour y réfléchir sur le danger des liaisons disproportionnées. Pour comble de malheur, son procès contre M. de La Blache était alors pendant en appel devant le parlement. Il raconte, dans ses *Mémoires* inimitables, que, peu de jours avant le prononcé du délibéré, le ministre lui permit d'aller solliciter sa cause. Mais, hélas ! on ne lui accordait qu'une liberté bien relative. Quand il fit ses vingt-deux visites au rapporteur, il ne marchait qu'accompagné d'un exempt assermenté, du nom de *Santerre*. Que de tribulations et d'ennuis à supporter ! Cet homme, fidèle à sa consigne, ne le quittait pas plus que son ombre, même le jour où il parvint à remettre sa lettre d'audience au valet blondin de Mme Goetzman. Il était forcé d'attendre, le matin, qu'on vînt le chercher en prison pour sortir, d'y revenir prendre ses repas et de rentrer le soir pour y coucher. Tout enfin était hors de prix, dans ce qu'il appelle *ces maisons royales* : le loyer, le traiteur, le greffe, les porte-clés. — Je suppose que la crainte d'un traitement analogue impressionna notre capitaine au bataillon de Languedoc ; car je n'ai trouvé aucune autre mesure le concernant dans le manuscrit que j'ai consulté.

Etant donnés le Tribunal du Point-d'honneur et ses justiciables, les dettes de jeu ne pouvaient manquer de figurer au rôle. Nous en trouvons une preuve dans l'instance introduite en décembre 1780. Un habitant de Sommière s'adresse au Lieutenant et le prie, par lettre missive, d'appeler à sa barre le sieur de la R..., employé chez M. de Girard, à la verrerie de la Couloubrière, près Saint-Hippolyte. Ce gentilhomme avait joué avec lui et, depuis deux ans, lui devait 200 livres sur parole. M. *du Roure* lui écrit : « Les sentiments d'honneur qui doivent caractériser la noblesse exigent de sa part la plus exacte observation de ses engagements. Aussi le Tribunal tient-il indistinctement pour obligatoires toutes les dettes contractées sur la parole d'honneur ; mais les demandes sont assujéties à la présentation d'une requête, et une simple lettre ne suffit pas, selon le vœu de l'article 2 de l'ordonnance du 5 mars 1760 ».

Voilà bien la marque d'un goût prononcé pour la légalité. On voit reparaître les mêmes tendances dans deux ou trois autres occasions. Par exemple, en décembre 1776, M. *de Lisleroi*, lieutenant au Pont-Saint-Esprit, demande des conseils à notre jurisconsulte en épaulettes. Une difficulté grave vient de surgir entre deux officiers de cette ville, au sujet d'une lettre anonyme. Il sera probablement nécessaire d'en vérifier l'écriture ; mais quelles règles suivra-t-on ? Faut-il que les parties soient présentes ? Qui doit nommer les experts ? L'accusé tracera-t-il une pièce de comparaison ? M. de Lisleroi est embarrassé. « Il n'est pas étonnant (dit-il, dans sa lettre, avec une charmante et spirituelle bonhomie) que nous, militaires, nous n'entendions rien à ces matières, vu les occupations tout opposées de notre jeunesse ». M. *du Roure* répond en homme versé dans la jurisprudence de son ministère. « L'affaire que vous avez en mains fait du bruit. Vous devez suivre les formalités ordinaires de la justice. Le sieur *de Brouzet*, lieutenant de la maréchaussée de Montpellier, doit être appelé pour procéder aux informations, aux termes d'une ordonnance que vous rendrez ».

Les différends qui touchent plus directement encore au Point-d'honneur ont été peu nombreux, mais ils offrent du moins un certain intérêt de curiosité. J'en choisis trois, qui me paraissent de nature à faire mieux apprécier le fonctionnement de notre Tribunal.

I. — En juillet 1777, MONSIEUR, frère du Roi Louis XVI, vint à Nimes et descendit à l'évêché. Beaucoup d'habitants et d'étrangers s'y rendirent pour le voir souper. M. de Montfort, gentilhomme de la ville d'Arles, se présenta avec sa femme. M. de Saint-Privé, qui se trouvait de garde à la porte, prit cette dame par la main, la fit entrer, et empêcha son mari de la suivre. M. de Montfort eut beau lui représenter qui il était, l'officier s'opposa à son passage en lui parlant très-brusquement ; la réponse eut lieu sur le même ton. Un duel allait s'en suivre. M. *du Roure*, informé le lendemain de la résolution de se battre prise par ces Messieurs, se mit à leur recherche, les vit séparément, tâcha de leur faire entendre raison, leur persuada que leur vivacité ne provenait que d'un malentendu et les invita à se rendre chez lui. Ils cédèrent, et, en présence de M. *de Butté*, capitaine au régiment de Dauphiné, et de M. *du Roure de Vergière*, gentilhomme de la ville d'Arles, ils se promirent d'oublier leurs griefs et s'adressèrent des excuses mutuellement.

II. — Le rôle du lieutenant fut plus laborieux dans le second exemple que je veux citer. — Par une supplique, datée de Beaucaire, le 19 juin 1785, le sieur d'Erlach de Margallier, issu de l'illustre famille des d'Erlach de Berne, dénonçait la conduite d'un garde du corps de la compagnie Villeroy, originaire d'Aubenas. Ce militaire avait entretenu une correspondance avec sa fille, et il essayait par des calomnies d'entraver un mariage convenu entre elle et un gentilhomme d'Arles. Toute la noblesse de Beaucaire était mêlée aux péripéties de cet incident, gros de périls et de menaces. Le trouble-fête se tenait à Tarascon, dans l'auberge de *Notre-Dame*, près Sainte-Marthe ; et de là il répandait ses diffamations contre la jeune fille et ses provocations contre le prétendant agréé. Celui-ci ignorait heureusement les défis dont il était l'objet, mais pouvait-on espérer de les lui cacher plus longtemps? En vain le viguier de Beaucaire, M. Dulong ; le premier consul de Tarascon, chevalier de Saint-Louis ; M. Bresson, garde du corps de la compagnie Beauveau, avaient-ils tenté les plus sérieux efforts pour calmer le séducteur évincé : rien n'avait réussi. M. d'Erlach invoquait l'autorité du lieutenant, et s'exprimait ainsi, en terminant son exposé : « Voyez, Monsieur, si, sous un habit militaire, il est permis de trouver un monstre de cette espèce, dont le but est de déshonorer ma fille dans l'esprit du public pour arriver à ses fins... Que deviendrait la société, si des scélérats de cette espèce n'étaient punis comme ils le méritent ? Les cachots les plus noirs ne sont pas une punition assez forte pour un crime d'un nouveau genre ».

La douleur aveuglait le père sur la compétence du magistrat et sur la répression qu'il sollicitait. Le 20 juin, M. *du Roure* lui répond, avec beaucoup de bon sens, qu'il est très-sensible au malheur qui frappe sa famille, mais que l'affaire n'est pas de son ressort. Les peines pour propos injurieux tenus contre Mlle d'Erlach doivent, s'il y échet, être prononcées par les juges ordinaires. Cependant, comme il est énoncé dans la requête que le coupable aurait manifesté publiquement l'intention de se battre avec le futur gendre du plaignant, il est licite de l'ajourner pour ce chef devant le juge du Point-d'honneur. On arrivera ainsi, par voie indirecte, à le dissuader de ses mauvais desseins et à obtenir son silence.

Docile à d'aussi sages conseils, M. de Margallier rédige un nouveau mémoire dans le sens qui lui est tracé. M. *du Roure* rend aussitôt une ordonnance pour mander devant lui le garde du corps d'Aubenas. Ce dernier se présente au jour indiqué, et nie toutes les provocations qui lui sont attribuées ; mais, comme il est suspect, le lieutenant ne veut lui permettre de rentrer à Beaucaire qu'à la condition d'être escorté d'un garde. Pour éviter ce compagnon importun, l'assigné consent à rester libre dans notre ville ; toutefois, il est forcé de signer la promesse suivante.

« Je donne ma parole d'honneur à M. *du Roure*,

lieutenant de NOSSEIGNEURS les maréchaux de France, de ne point m'absenter de Nimes, sans une permission de sa part ».

Des pourparlers ultérieurs amenèrent un arrangement honorable pour les deux parties, et il en fut rendu compte, le 1er juillet, à M. le duc *de Richelieu*, doyen des maréchaux.

III. — Un troisième et dernier démêlé va nous offrir le spécimen le plus complet du mode de procéder devant la juridiction locale, qui fait l'objet de notre examen.

Un sieur Dubouschet, qui habitait Beaucaire, entretenait depuis huit ans des relations intimes avec une nommée Suzanne B..... et vivait avec elle. Au mois d'octobre 1778, il lui consentit un bon pour 8,000 livres à l'échéance de quatre ans. Dès la fin de novembre, il apprit que Dalbon, un de ses amis, lieutenant au régiment de la Fère, était devenu son rival. Se repentant de sa générosité, il voulut reprendre le billet qu'il avait souscrit. Pour y parvenir, il se rendit un jour chez l'infidèle, et prétendit avoir su que l'effet n'était plus entre ses mains et qu'elle l'avait négocié. Cette fille nia l'avoir mis en circulation et, pour le lui prouver, exhiba le titre. C'était peut-être ce que voulait son interlocuteur; car il s'en empara vivement, le déchira et en jeta par terre les débris, qui furent recueillis par Suzanne B....... Les fragments ramassés parurent suffisants à celle-ci pour reconstituer la pièce, et pour intenter une action, dans laquelle elle exposa que le billet lui avait été arraché par surprise. Dalbon, présent à la scène, servit de témoin. Sa déposition, ses relations avec Suzanne, l'ingratitude de cette dernière, tout concourait à envenimer une situation déjà fort critique.

Le sénéchal de Beaucaire fut saisi de la question. De son côté, Dubouschet s'était pourvu en diffamation contre son ancienne maîtresse, et avait ajourné Dalbon pour calomnie et subornation de témoins.

Insultes et menaces furent bientôt échangées entre les deux concurrents : un duel à mort se préparait. Dès le mois de décembre 1778, des défenses de se battre furent signifiées aux parties, par M. *d'Alizon*, subdélégué du comte de Périgord, commandant la province. Elles n'avaient pas suffi. Le 24 avril 1779, M. *du Roure* était intervenu pour éviter toute rixe, et avait réitéré des ordres par l'entremise du baron *de Beaujeu* et de M. *de Saint-Montant*, chevaliers de Saint-Louis. Un mois après, ces injonctions étaient oubliées ; et, dans une rue de Beaucaire, Dalbon accusait Dubouschet *de s'être battu bien plastronné dans une affaire d'honneur*. A la suite d'un propos aussi blessant, une rencontre redevenait inévitable, si l'offenseur n'avait été forcé de regagner son régiment de la Fère, alors en garnison à Calais. Mais, au bout du semestre, il obtint une permission et reparut à Nimes. Il avait pris gîte à l'auberge où pendait l'enseigne du *Luxembourg*.

Le 10 janvier 1780 était un jour de fête artistique pour notre ville. La demoiselle *Sainval* y donnait des représentations et jouait dans la tragédie de *Mérope*. Beaucoup d'habitants des localités voisines étaient accourus dans nos murs à cette occasion. Entre trois et quatre heures du soir, la foule se pressait déjà vers la salle de la Comédie. Le théâtre était alors situé dans l'intérieur des remparts entre la Tour vinatière, les Arènes, le Palais de justice et le Jeu-de-Paume; tel est du moins l'emplacement que lui assigne le plan de Ménard, édité en 1750. Dalbon, en costume militaire, habit blanc, revers et parements rouges, sans épée, un simple jonc à la main, sortit du Luxembourg pour aller entendre la pièce. Il se dirigea vers la porte de Saint-Gilles, qui donnait accès dans la rue Régale, et traversa l'Esplanade pour entrer en ville. Sur cette promenade, il se rencontra avec Dubouschet. L'altercation fut très-vive, à en juger d'après les gestes des deux adversaires et d'après quelques propos entendus par les passants. Dalbon, qui peut-être avait été le provocateur, fut traité d'*homme chassé de son régiment*. C'est du moins ce que rapportèrent les personnes présentes sur les lieux : Balthazar Philix, fils de l'hôte du Luxembourg; Pierre Sigaud, cuisinier; Turion, greffier de la sénéchaussée; des habitants notables de Valabrègue, venus pour assister au spectacle : Jean Despiard, bourgeois; Jean Allu, gradué, son neveu; Rolland, maître en chirurgie, et autres curieux du même bourg.

Les deux rivaux, continuant leur querelle tout en marchant, arrivèrent au pont de la porte de Saint-Gilles. Dès qu'ils l'eurent franchi, Dalbon, s'adressant à la sentinelle, qui était un soldat du régiment de Blaisois, alors en garnison à Nimes, lui ordonna d'arrêter Dubouschet, vêtu en bourgeois. Sur l'observation du factionnaire, qu'il ne pouvait le conduire au corps de garde établi sous les arceaux de la place du

Marché, Dalbon lui dit : « Alors, je vous le consigne ; je vais me plaindre au Commandant ».

Cependant un rassemblement s'était formé devant la maison Ratyer, à côté de la porte de Saint-Gilles. Les passants firent remarquer que Dubouschet était un homme connu et qu'il manquerait la représentation si on le retenait plus longtemps. Chédieu, le factionnaire, comprit qu'il suffisait d'avoir empêché une lutte; et, après quelques minutes, il invita son prisonnier éphémère à continuer son chemin.

Le lendemain 11 janvier, le lieutenant des maréchaux était saisi par une double dénonciation de Dalbon et de Dubouschet. Une longue procédure commença.

Par une ordonnance en date du 20 janvier 1780, M. *du Roure* décida qu'il serait procédé à une enquête et à une contraire-enquête par les soins de M. Louis *de Brouzet*, écuyer, conseiller du roi, capitaine de cavalerie, lieutenant de la maréchaussée générale de Languedoc à la résidence de Montpellier, avec défense aux parties de toutes voies de fait, directes ou indirectes.

Aussitôt un *bref-intendit* fut dressé et signifié réciproquement par Dubouschet et par Dalbon, contenant les noms des témoins qu'ils comptaient administrer et l'articulation précise des faits sur lesquels ils devaient être interrogés.

Le 21 janvier, par lettre missive, avis de ce débat fut mandé au duc de Tonnerre, doyen des maréchaux.

L'information, retardée par un accès de goutte survenu à Louis *de Brouzet*, s'ouvrit le 16 février. Elle eut lieu à Nimes dans la maison *Quissac*, *place de la Salamandre*, Bardinq, greffier, tenant la plume, les significations faites par Dayon, cavalier de la Connétablie. Le commissaire-enquêteur entendit d'abord les parties, qui persistèrent dans l'exposé et les fins de leur requête. Les témoins, avant de déposer, prêtèrent serment de dire la vérité, *la main mise sur les saints Evangiles*, et furent interpellés hors la présence des intéressés. Ceux de Valabrègue furent taxés à 12 livres pour frais de transports, ceux de Nimes à 15 sols.

L'instruction dura trois jours. Quand elle fut terminée, Dubouschet, à la date du 21 février, supplia qu'il fût informé sur les faits qui s'étaient passés à Beaucaire.

Comme ce différend prenait des proportions anormales et menaçait de s'éterniser, le juge du Point-d'honneur tenta une médiation. Voulant couper le mal dans sa racine, il pensa avec raison que le plus pressé était de préparer un arrangement entre Dubouschet et la fille Suzanne B... Sous son influence, une transaction intervint, signée par Viguier, procureur ès-cours de Nimes, pour Dubouschet, et Joseph Sautet, aussi procureur, pour Suzanne B... Celle-ci obtint 3,000 livres, payables à son mariage ou à son entrée en religion, mais à dix ans de terme, si elle restait célibataire et dans le monde.

La véritable cause de ces querelles une fois éteinte, le lieutenant des maréchaux parla séparément à Dubouschet et à Dalbon, les catéchisa ; et, le 26 février, il rendit une ordonnance leur prescrivant d'ester devant lui le lendemain dimanche 27, pour déclarer, en sa présence et en celle de quatre gentilshommes, *qu'ils étaient fâchés de leurs vivacités ; qu'ils se priaient mutuellement de les oublier ; que, d'ailleurs, ils se reconnaissaient l'un et l'autre incapables de la moindre bassesse*. La même ordonnance liquidait les frais de la procédure à 188 livres, et les mettait par moitié à la charge des parties.

Le lendemain, l'entrevue eut lieu en effet. Les promesses exigées furent faites, et les deux adversaires s'embrassèrent en présence du juge et des quatre témoins qui étaient : M. *de Raymon*, major au régiment de Blaisois ; M. *de Mérez* ; M. *de Cabrières*, chevalier de Saint-Louis ; M. *de Possac-Génas*, lieutenant des maréchaux à Alais.

Le 1er mars, M. *du Roure* rendit compte aux maréchaux du règlement de ce conflit et reçut du duc de Tonnerre une lettre d'approbation.

Une plus longue analyse des procès-verbaux parvenus entre nos mains serait fastidieuse. Il ne faut même rien moins que l'intérêt qui s'attache à tous les points de l'histoire locale pour justifier les humbles détails auxquels nous venons de descendre. Je ne les ai pas toutefois considérés comme inutiles pour aider à bien comprendre le mécanisme d'une juridiction assez confuse et assez obscure jusqu'ici.

V.

Jean-Jacques Rousseau s'en est pourtant occupé dans sa lettre à d'Alembert *sur les Spectacles*. Il en approuve le principe, mais il en critique l'application avec une extrême vivacité. A ses yeux, *la Cour d'honneur*, avec son personnel d'élite, aurait pu à la longue redresser l'opinion ; mais il convenait de proscrire tous les moyens coërcitifs qui accompagnaient ses décisions. Point de punitions corporelles, point d'arrêts, point de gardes armés : simplement un *appariteur qui aurait ajourné l'accusé, en le touchant d'une baguette blanche*. Pas même ces satisfactions cérémonieuses dont on a voulu payer l'offensé et qui sont de véritables jeux d'enfants. L'infamie seule servirait de sanction. *Pour changer*, dit-il, *les actions dont l'estime publique est l'objet, il faut auparavant changer les jugements qu'on en porte. On ne viendra jamais à bout d'opérer ces changements sans y faire intervenir les femmes mêmes, de qui dépend en grande partie la manière de penser des hommes.* — Le philosophe de Genève, avec les pressentiments démocratiques qui caractérisent ses écrits, voulait soumettre à la Cour d'honneur tous les Français sans distinction, depuis le Roi jusqu'au moindre citoyen. Il pensait enfin que les maréchaux devaient avoir le droit, dans des circonstances graves et très-rares, *d'accorder le champ*, c'est-à-dire d'autoriser le duel (1).

On ne saurait disconvenir que, au milieu de conceptions hasardées et parfois romanesques, il n'y ait, au fond de cette théorie, une certaine somme d'aperçus justes et féconds.

Le comte Joseph de Maistre, abordant le même sujet dans un opuscule daté de 1795, et intitulé *Premier paradoxe*, a, selon les habitudes de son esprit,

(1) Rousseau a traité encore la question du duel dans sa lettre à l'abbé M..., en date de 1770.

sabré le plan de Rousseau et l'œuvre de Louis XIV. Il tourne en ridicule ce qu'il appelle la *classification des impertinences* imaginée par le grand Roi. Il raille pareillement la thèse du philosophe, *dont la sagesse a pensé*, dit-il, *que, pour détruire les duels, il faut les permettre.* Puis, exagérant à plaisir le point de vue de l'un et de l'autre, il propose ironiquement la combinaison que voici : On ferait d'abord un livre alphabétique de toutes les épithètes mortelles de la langue, et il serait statué que tout gentilhomme qui en adresserait une à l'un de ses pareils serait mis à mort. Le cas se présentant et le coupable étant condamné, l'offensé présenterait *un placet* et recevrait du pouvoir suprême une commission d'exécuteur *ad hoc*, en vertu de laquelle il pourrait en conscience exécuter son ennemi.

Mais un persifflage ne vaut pas un système, le système fût-il défectueux. De Maistre passe à côté de la question sans la résoudre. Le problème renaît pourtant de nos jours, et le fléau des duels, vainement combattu par la jurisprudence de 1837, a puisé, dans les excès de la presse quotidienne, les germes d'un nouveau développement. La loi du 7 septembre 1790 a balayé le Tribunal du Point-d'honneur, comme toutes les justices de l'ancien régime. Qui sait si l'idée première de cette institution, purgée des prévisions vétilleuses, des rigueurs sans mesure et des inégalités choquantes qui la déparaient, appropriée au tempérament actuel de la nation et aux exigences de notre état social, ne serait pas susceptible d'être utilisée par un législateur habile ? Qui sait si la constitution d'un jury d'honneur, recruté parmi les écrivains, les militaires, les magistrats, les membres des corps électifs ; ayant juridiction sur l'universalité des citoyens ; autorisé à punir le dévergondage de la parole ou de la plume par la privation des droits civils et politiques, par l'interdiction plus ou moins longue de rien publier dans les journaux, par l'inadmissibilité aux fonctions publiques, n'aurait point pour effet de diminuer le nombre de ces rendez-vous, attentats sanglants à la civilisation de notre époque ? Le mal vaut la peine qu'on y songe. Où que soit le remède, la prudence conseille de le chercher.

Nimes. — Typ. Clavel-Ballivet

www.ingramcontent.com/pod-product-compliance
Ingram Content Group UK Ltd.
Pitfield, Milton Keynes, MK11 3LW, UK
UKHW021955260726
13994UKWH00004B/1768